COLLECTION PAUL BAUDRY

HÔTEL DROUOT — 7 AVRIL 1902

COLLECTION

PAUL BAUDRY

CATALOGUE

CHAPLIN, COROT, DIAZ, HENNER
INGRES, JACQUE, JONGKIND, [illegible]
ROUSSEAU, ROYBET
VEYRASSAT, VOLLON, ZIEM

DEUX TABLEAUX ANCIENS

CUYP ET ÉCOLE DE BOUCHER

ET DONT LA VENTE AURA LIEU

HOTEL DROUOT, SALLES N°s 7 & 8

Particulière : Le Samedi 5 Avril 1902, de 1 h. 1/2 à 5 h. 1/2
Publique : Le Dimanche 6 Avril 1902, de 1 h. 1/2 à 5 h. 1/2

CONDITIONS DE LA VENTE

Elle sera faite au comptant.

Les Acquéreurs paieront **dix pour cent** en sus des prix d'adjudication.

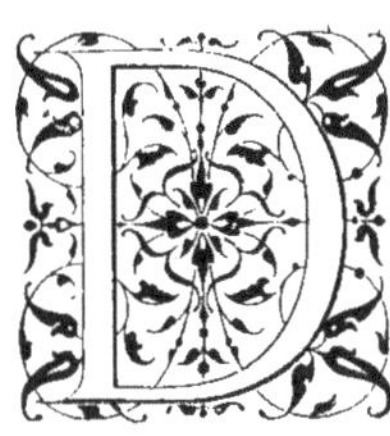

ANS l'histoire des pérégrinations que font, tour à tour, de galerie en galerie, les chefs-d'œuvre de la peinture contemporaine, une date comptera, entre toutes : cette date du 7 avril 1902, où les tableaux ici groupés verront, autour d'eux, les amateurs les plus avisés se livrer une rude bataille. Les annalistes auront raison de ne point l'oublier et de la rapprocher, dans leurs écrits, de cette autre date : 21 décembre 1868, où fut si solennellement glorifié le grand artiste qu'Albert Wolff appelait le père de l'aquarelle française. *et que, d'une plume d'or et de diamant, Théophile Gautier, enthousiaste, préfaciait.*

Ziem, en effet, parait ici en une série de toiles prestigieuses, et la magie de son art, élargie comme la lumière d'un éblouissant soleil de midi, déborde les cadres et sollicite si impérieusement le regard, qu'il y a un réel mérite à se détacher d'un tel mirage, pour accorder à l'œuvre des autres grands peintres qui l'accompagnent, le légitime hommage d'admiration qui leur est dû. Diaz, Vollon, Ribot, Chaplin, Corot, Veyrassat, Roybet, Cuyp, Henner, Ingres, Jongkind, Jacque, Muenier, Th. Rousseau, voilà, énumérés au hasard du souvenir, les noms de ceux qui ont à lutter aujourd'hui contre la redoutable présence de Ziem. Ils s'en acquittent au delà de toute espérance. Pas une de leurs compositions qui ne porte le sceau de la Beauté. Pour ne s'arrêter qu'à quelques-unes, les Corot marquent, avec un charme profond, un moment émouvant dans l'évolution de la peinture : celui où le maître, autour des étangs de Ville-d'Avray, se définissait touche après touche, cet art du paysage, cette poésie des décors de nature, cette harmonie des ciels gris qu'il conquérait, selon son terme familier, à la façon « d'une alouette » ; le berger que signe Ribot, chef-d'œuvre d'expression, est mieux qu'un portrait, c'est un type ; le Henner justifie superbement la parole de Delacroix que nous nous plûmes à y joindre. En sorte que, devant des œuvres aussi accomplies, apparait la volonté de celui qui les groupa, volonté de donner aux douze toiles du maître coloriste, dans cette fête de la lumière, le magnifique cortège que comporte leur haute noblesse artistique. De même que Ziem, sur les parvis de Saint-Marc, à l'avant des galeries de fête ou sur les sables du Lido, assemble autour de ses doges l'élite de l'aristocratie vénitienne, de même M. Paul Baudry s'appliqua, dans sa galerie, à dignement entourer l'œuvre flamboyante du peintre-poète des lagunes.

Et cette rationnelle préoccupation de bien faire nous fournit la facile occasion de ne pas tarder plus longtemps à parler de M. Baudry. Ce n'est pas le flatter, c'est dire tout simplement la vérité, que d'accoler à son nom cette épithète de rationaliste si rarement méritée par nos contemporains. Alors que la vie moderne énerve et anémie tant de courages, il sut, tout au contraire, affermir chaque jour davantage son sang-froid, tout en étant de ceux qui, sur le terrain des affaires, poursuivent avec le plus de zèle les plus insurmontables difficultés. Ce n'est point ici l'endroit d'insister sur ses mérites. Toutefois, on peut d'un mot en reconnaître l'importance, si l'on considère, ainsi qu'en témoignent les toiles ici réunies, la bienfaisante répercussion que le louable méthodisme pratique de M. Paul Baudry eut sur le terrain de l'art. Si Caius

Mæcenas avait été moins favorisé, il n'eût pu atténuer les fatigues de sa vie publique par le goût des belles lettres et la fréquentation des esprits d'élite. Virgile et Horace auraient connu des jours plus durs, et des Géorgiques *aux* Odes, *la poésie latine eût été moins sereinement inspirée.*

*De même, dans la vie contemporaine, on ne peut qu'applaudir à l'emploi que font du produit de leur travail ces organisations essentiellement modernes, industriels ou hommes d'affaires, en qui se rencontrent parfois tout ensemble le sens le plus pratique de l'activité intelligente et le souci constant de communier avec les plus belles productions de l'art d'aujourd'hui. On peut évidemment prétendre à cette fierté de représenter parmi tous une physionomie bien typique de l'*homme moderne, *lorsque, tel M. Baudry, on a réussi, d'une part, à tenir dans le monde des assurances le rôle qu'on lui voit à la* Mutual Life *et, d'autre part, à totaliser dans une même galerie une sélection d'œuvres notoires, du genre de celles que nous avons l'honneur de présenter ici.*

Encore une fois, nous ne pouvons, en ce qui nous concerne, qu'applaudir aux succès de M. Baudry, homme d'affaires, et nous féliciter de ce qu'ils aient eu, chez M. Baudry, amateur de tableaux, un aussi magnifique contre-coup, d'autant plus que par la vente qu'il fait, les vrais amateurs pourront bénéficier demain de ses heureuses recherches. Nous verrons tout à l'heure que, de cet admirable livre qu'est sa collection, s'il détache quelques feuillets, il en reste encore quelques-uns, et non des moindres ceux-là, puisqu'ils sont anoblis par la patine des temps. Avant peu, près de ces œuvres anciennes, de jeunes œuvres reviendront prendre, — nous n'en doutons pas, — la place que laissera nue sur la muraille le départ des tableaux énumérés en le présent ouvrage.

Et ne faut-il pas voir dans ce goût du changement une des formes les plus sensibles de cette activité qui pousse M. Baudry à ajouter les affaires aux affaires, à se créer toujours de nouveaux buts à atteindre, ainsi qu'il le fait en ce moment, par exemple, en faisant édifier à Forges-les-Eaux un véritable Palais d'été, qui doit brillamment ressusciter ce centre balnéaire, jadis plein de vie? En ceci, loin de chercher un intérêt personnel, il donne, semble-t-il, simplement un emploi, un thème à son énergie. Et la meilleure preuve, c'est qu'à ceux à qui il confiera la direction de la salle des fêtes, il n'imposera pour toute redevance que la tâche d'y créer beaucoup d'agréments, en sorte que les malades y trouvent, en parts égales et également bienfaisantes, les traitements du corps et les délassements de l'esprit. Pareille façon de puiser dans le labeur infatigué des satisfactions sans cesse renouvelées est mieux qu'un intéressant cas de psychologie, c'est un exemple. Et dût en souffrir la modestie de l'homme que dépeignent ces lignes, nous l'offrirons comme tel à qui en est encore à se préciser une méthode de vivre.

* * *

On pourrait croire qu'à considérer ainsi le travail comme une des formes du repos, M. Baudry ne connut jamais le bon loisir d'un farniente *et se priva de l'agrément, sensible surtout aux laborieux, de déguster les minutes, douces à vivre, de la flânerie par les rues, de la promenade amusée aux spectacles changeants des places et des avenues, voire des siestes inactives aux bons fauteuils de l'après-dîner. Que pourtant on veuille bien changer d'opinion, en apprenant que tous les tableaux constituant la collection de M. Baudry furent, sans hâte, choisis après les tracas du bureau, précisément à ces heures de bienfaisante détente où, dans l'oubli momentané des préoccupations d'affaires, M. Baudry questionnait les devantures, interrogeait les murailles des galeries, partout où quelque peu de peinture sympathique à ses goûts avait chance de se rencontrer. Non qu'il fût, au sens absolu du mot, collectionneur. Certes, il ignore — et cela de parti pris — les fièvres des enchères; il ne se fascina jamais au marteau d'ivoire balancé avant l'adjudi-*

ration au-dessus du tapis vert. Sa collection s'enrichit de tout autre façon. On pourrait dire que ce fut avec la placidité et la patience des vrais sages qu'il la compléta. A la manière de ces peintres qui, devant la nature, attendent de longues heures que le soleil éclaire à leur gré la cime des arbres ou le miroir de l'eau, il attendit, lui aussi, pour parfaire ce tableau fait de plusieurs toiles juxtaposées, que l'occasion fût propice et la lumière convenable. Cette lumière, il la voulait éclatante, rare, magnifique. Ziem la lui révéla plus que tout autre. Aussi bien Ziem trône-t-il ici. Mais comme l'antithèse est fort probablement l'une des lois les plus certaines de la beauté, M. Baudry comprit qu'il en fallait dans l'ensemble ménager quelques-unes. C'est pourquoi, aux côtés des ciels orientaux, des scintillements d'Adriatiques, nous retrouvons, précieux contrastes, quelques gris d'argent de Corot, un peu de la palette fauve de Henner, des franches clartés de Veyrassat, un échantillon des belles ténèbres de Ribot et jusqu'à un sourire d'enfant signé Chaplin. Et, par un éclectisme louable vraiment, l'école de Boucher servit de transition à toute une pléiade de maîtres anciens, qui ne figurent point parmi ces feuillets et qui représenteront seuls, magnifiquement, la collection de M. Baudry jusqu'à ce que de nouveaux venus leur demandent un peu de place sur la muraille.

Ces gardiens du logis s'appellent Breughel de Velours, la Chaste Suzanne *du Primatice, la* Salomé *du Dominiquin, deux merveilles uniques, et aussi Berghem, Van Baalen, Titien et Téniers, Greuze et Lawrence. C'est là un « fond de réserve » qu'envieraient bien des musées.*

* * *

Et maintenant, irons-nous donner ici, point par point, les raisons de notre émotion devant La Grande Assomption, *la* Veille de fête à Venise, *la* Digue du Halo sur la lagune de Burano, *et le* Jardin français: *Qui donc ne l'a partagée déjà ? Il existe des vérités flagrantes qu'il est presque insolent de proclamer sous le nez des gens en leur disant : « Voilà ce qui est vrai et voilà pourquoi c'est vrai. » Nul n'en ignore pour ce qui a trait au maître Ziem. Quant aux œuvres elles-mêmes, les descriptions que nous avons essayé d'en faire n'ajoutent rien à leur somptueuse beauté. En répondant au besoin matériel de différencier les toiles entre elles, à Dieu ne plaise qu'elles prétendent transcrire une parcelle du spectacle magnifique qu'elles détaillent. Qu'un chimiste de belles lettres — l'expression nous sera pardonnée — atteigne à l'art de mettre en lumière, par des mots, les vertus d'un tableau de Ziem, et il aura des titres à la gloire égaux à ceux du chimiste Ziem lui-même qui, seul, affirme-t-on, connaît les mystères de la fabrication de ses inimitables azurs. Mais hélas, le littérateur assez osé pour tenter de telles expériences s'appelait Théophile Gautier. Il n'est plus : il se survit, il est vrai, dans ses œuvres et c'est un grand bonheur, puisque cela nous permet de corriger notre impuissance en renvoyant quiconque serait curieux de vérifier comment, parfois, une phrase vaut un tableau, jusqu'aux feuillets de cet ouvrage où l'auteur d'*Émaux et Camées *« fait chanter comme un chœur aérien les mélodies de la couleur ».*

Peut-être aussi ne lira-t-on pas sans curiosité la page empruntée au récit de voyage d'un auteur naïf, maître Denis Possot, promenant son ébahissement par les calli *vénitiennes, aux alentours de 1532. Celui-là s'en allait jusqu'à Jérusalem, mais ni le Saint-Sépulcre, ni la fantastique mosquée d'Omar, sur le Haram-ech-Chelif, ne devaient lui tirer des cris plus enthousiastes que la procession dogale à laquelle il lui fut donné d'assister, dans un décor si paradisiaque « que on ne sçauroit comprendre que ne l'auroit veu ».*

Plus privilégiés que le bon pèlerin d'antan, nous pouvons n'être jamais descendus aux rives blondes des lagunes, et cependant ne rien ignorer de la séduction de Venise, légère sur l'eau comme un bateau de fête. Ziem, plus sûrement que jadis les conquérants français firent du lion de Saint-Marc, Ziem l'a apportée, toute vivante, toute palpitante dans nos murs. Il nous a révélé sa beauté de marbre, de pourpre et d'or. Mieux encore, il a évoqué pour nous les âges où elle rêvait, sous le soleil, d'amour, de négoce et de guerre. Aujourd'hui, l'on nous convie à un régal où l'historien ne saurait rester indifférent, où le poète voit se matérialiser ses plus pittoresques imaginations, où le peintre enfin trouve le plus parfait enchantement des yeux : qu'hommage en soit rendu tout ensemble au Maître qui signa les toiles et à l'amateur qui, bien inspiré, une à une, les recueillit.

PASCAL FORTHUNY.

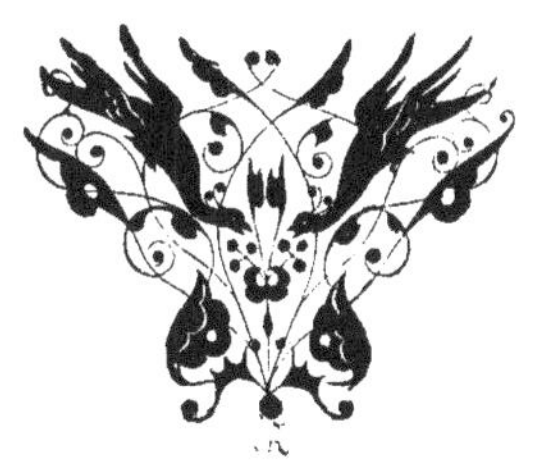

Tableaux Modernes

(CHARLES)

Sur un fond gris cendré d'une délicatesse extrême, se découpe la silhouette charmante d'une petite fillette, dont les cheveux blond châtain se répartissent en deux souples retombées de boucles, sur les épaules et sur les mignons bras nus. Sa fine robe blanche, décolletée en rond et rehaussée de broderies, est ceinturée par une large écharpe rose, où la lumière se joue fugitivement dans les reflets de la moire.

Sur les genoux de l'enfant, toute une moisson de roses, où ses petits doigts déliés et roses aussi se groupent exquisement comme de très précieux coquillages.

Signé à droite, en bas : Ch. Chaplin.

Toile. — Haut., 61 cent.; larg., 42 cent.

(CAMILLE)

« Je garde dans le cœur et dans les yeux la copie de tous mes ouvrages. »

COROT.

[illegible]

[illegible]

Un groupe de maisons, aux toits de tuiles, descend de gauche à droite jusqu'à un abreuvoir.

Sur la droite du tableau, les habitations sont à demi dissimulées dans les feuillages et dominées par la pente d'un coteau que couronne une lisière de forêts.

A gauche, par une éclaircie des arbres, on découvre l'horizon, tout en terres de labour.

Panneau. — Haut., 26 cent.; larg., 37 cent.

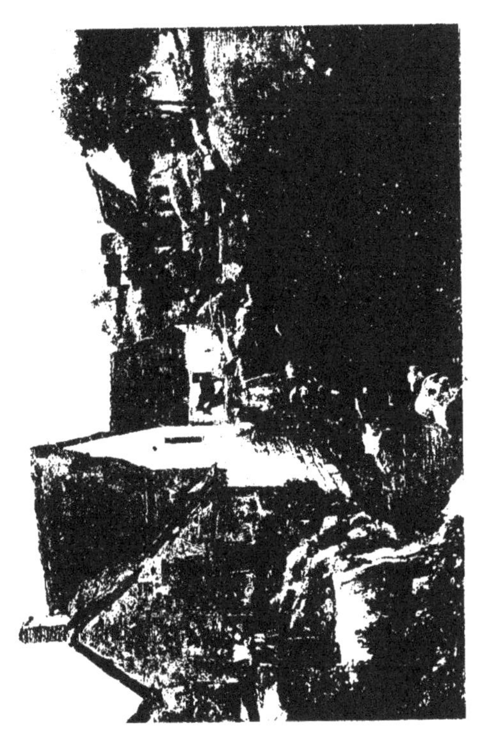

COROT

(CAMILLE)

> « Je ne suis qu'une alouette : je pousse de petites chansons dans mes nuages gris. »
>
> COROT.

Paysage d'Auvergne.

A gauche, une femme portant un enfant est debout sur un talus dont le pied baigne dans un petit ruisseau. Une maison à double pignon, une minuscule cascade alimentée par l'eau qui descend des hauteurs et que l'on voit rejaillir sur le côté d'une écurie où va rentrer un cheval noir.

Dans tout le premier plan, à droite, une masse de feuillages retombant jusque sur les rochers du ruisseau.

Et, au fond, d'autres bâtiments, au milieu des arbres et des chemins qui sillonnent le coteau.

Signé à gauche, en bas : Corot, 1831.

Toile. — Haut., 53 cent.; larg., 64 cent.

(NARCISSE)

Deux petites filles, dans un parc dont les feuillages se déploient en rideau derrière elles.

L'une, à droite, est assise, vêtue d'une robe bleue et tient sur ses genoux un petit chien. L'autre, à gauche, est debout, et de sa main droite fait faire de jolis plis à sa robe rouge qu'elle relève en un geste d'une grâce charmante.

Signé à droite, en bas : H. Diaz, 66.

Panneau. — Haut., 41 cent.; larg., 32 cent.

COLLECTION BESSONNEAU.

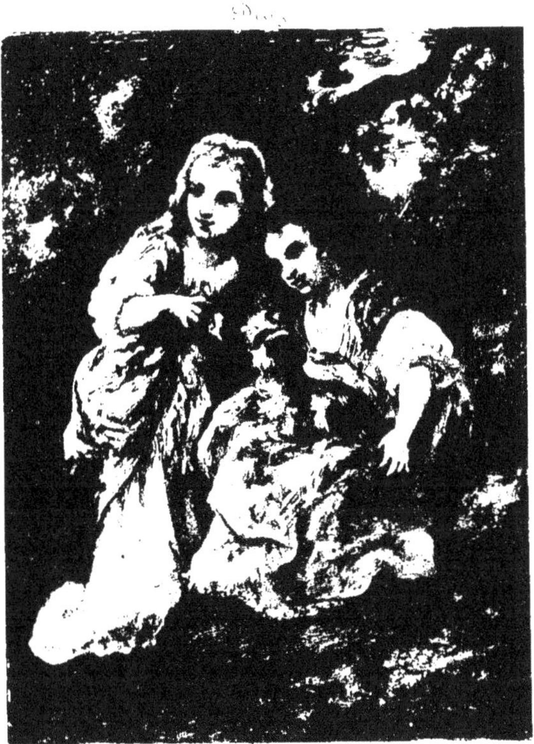

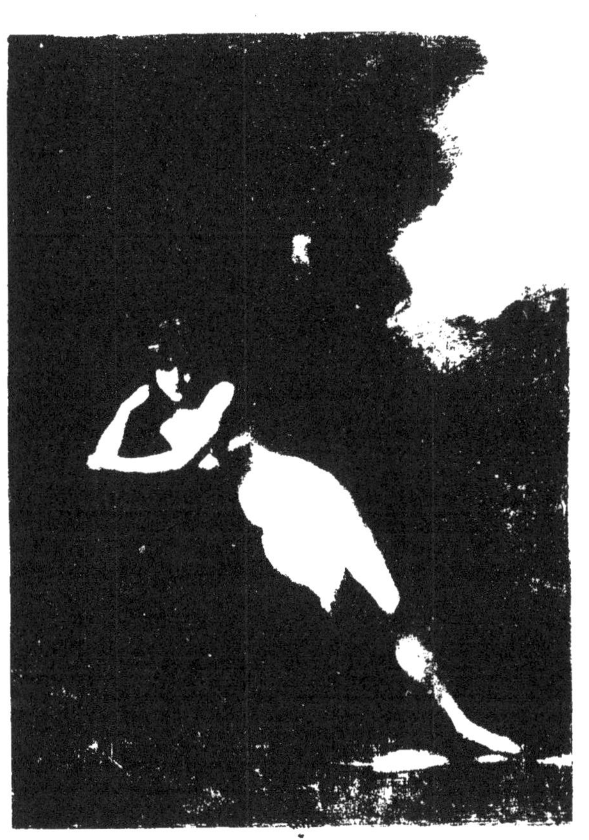

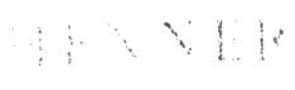

(JEAN-JACQUES)

« La chair est une buveuse de lumière et une échangeuse de reflets inépuisables. »

DELACROIX.

Nue, assise sur une berge derrière laquelle s'épaissit à gauche la profondeur des sous-bois, Madeleine la pécheresse, telle une fleur lumineuse dans le décor doré de l'automne.

Une jambe s'allonge jusqu'à une petite nappe d'eau, l'autre est repliée dans l'herbe et, en un mouvement d'une exquise souplesse, les deux bras s'assemblent autour de la tête, noyée dans l'onde cuivrée des cheveux.

A droite, dans une éclaircie, une colline de Judée, toute bleue, découpée sur le ciel léger.

Signé en bas, à gauche : H. Henner.

Panneau. — Haut., 99 cent.; larg., 73 cent.

COLLECTION PELLERIN.

> Je n'ai jamais passé une heure sans dessiner ; quand je ne suis pas à mon chevalet, je dessine de tête.
>
> INGRES.

L'Andromède chrétienne est debout, les mains prisonnières dans un anneau fixé au rocher. La tête couronnée de perles se renverse en arrière, le regard supplie, les cheveux dénoués retombent autour du corps, la vague s'écrase au pied de la falaise.

Tout au loin, à gauche, on distingue dans les demi-ténèbres, l'immensité silencieuse de la mer.

Angélique, héroïne du *Roland furieux* (Arioste), attachée sur un rocher par des pirates, délivrée par Roger, qui l'emporte avec lui sur l'hippogriffe. Cette fiction a inspiré à Ingres un tableau (Salon de 1819), dont la présente toile est une tout à fait remarquable paraphrase.

Signé à gauche, en bas : Ingres.

Toile. — Haut., 1 m. 06 ; larg., 76 cent.

COLLECTION BEURNONVILLE.

Ingres

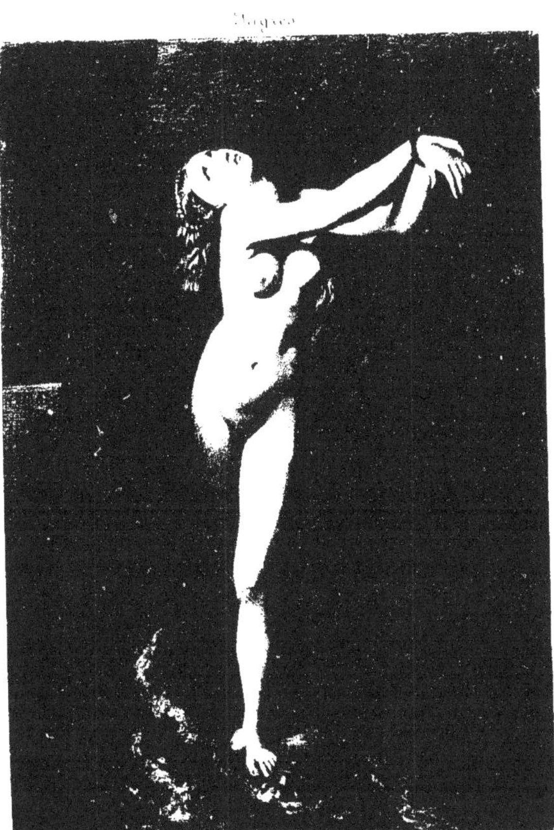

Angélique

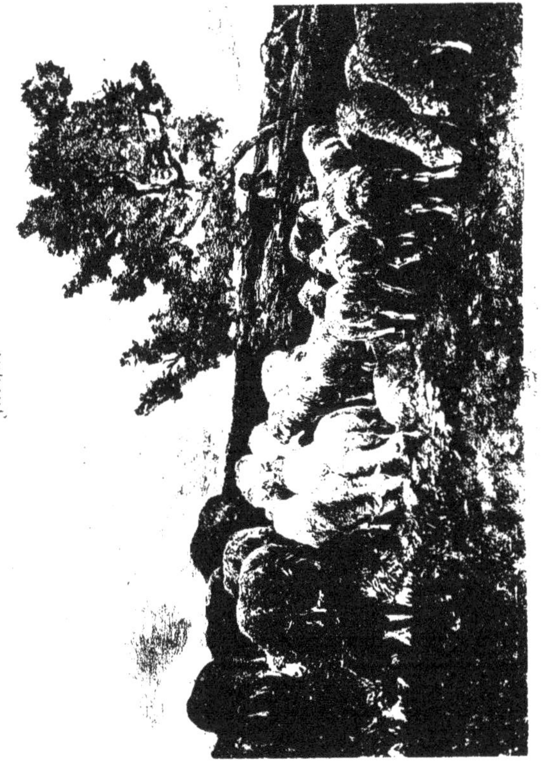

(CHARLES)

Par un soir d'orage, le troupeau de moutons s'est arrêté sur un tertre herbeux. Il est gardé, à droite, par son jeune berger qui s'est couché sous un arbre; à gauche, par un chien noir, vu de dos.

Dans le ciel pluvieux, une éclaircie au-dessus de l'arbre.

L'artiste a massé son troupeau avec une variété de lignes et de colorations qui font de cette toile l'une des plus remarquables de son œuvre. Sa science de la composition apparaît, admirablement sûre d'elle-même, dans le groupement des animaux, depuis le premier plan de droite jusqu'au sommet du tertre, à gauche, où les premières têtes du troupeau coupent si heureusement la ligne de l'horizon sur qui plane l'orage imminent.

Signé à droite, en bas : Ch. Jacque.

Toile. — Haut., 70 cent.; larg., 1 mètre.

JOHANN-BARTHOLD

A droite, sur un rivage qui descend jusqu'au fleuve très calme, on voit des rochers et des cailloux amoncelés, et, à quelques pas, un groupe de personnages. Des maisons et, au loin, un massif de feuillages, sont éclairés à contre-jour. Derrière l'écran obscur que forment les toits et les arbres, le ciel s'éclaire et de beaux nuages, tout en lumière, y arrondissent leurs masses nacrées.

Tout l'horizon de la toile est fermé par une ligne souple de collines verdoyantes, abaissées vers la gauche et interrompues à droite par la silhouette menue d'une église et de son fin clocher. De grands bateaux de pêche alignent leurs coques et leurs mâtures sans voiles, tous amarrés à une faible distance du rivage de droite.

Signé à droite, en bas : Jongkind.

Toile. — Haut., 51 cent.; larg., 68 cent.

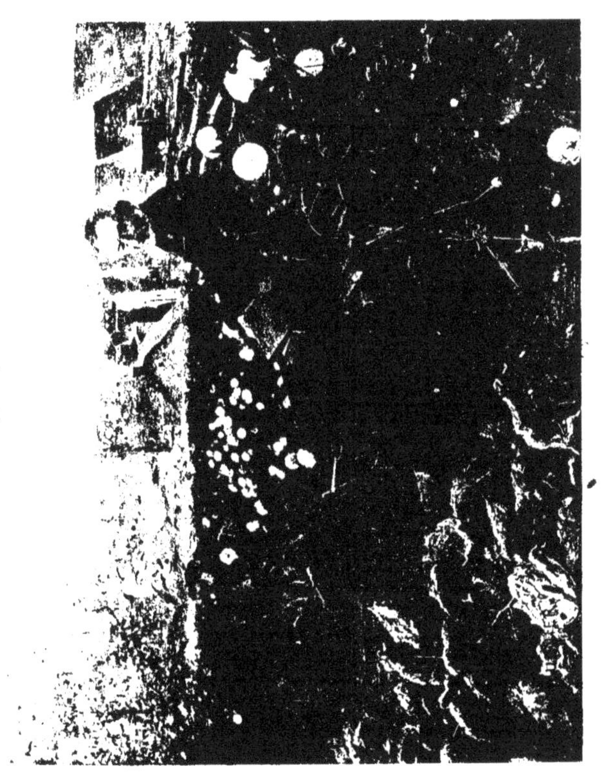

A.)

C'est le soir. Nu tête et en sabots, M. le curé, dans son jardin qui domine les maisons du village, la rivière là-bas et les coteaux. Assis au banc rustique, à droite, M. le curé, son breviaire refermé sur ses genoux, son arrosoir à ses pieds, regarde, vers la gauche, ses beaux choux pommés, tandis qu'autour de lui flottent les parfums combinés des roses trémières, des camomilles et des dalhias.

Sur sa nuque, le soleil couchant met une note blonde. De grandes ombres s'allongent lentement sur les toits et, vers le ciel tendrement rosé, les fumées des foyers montent en colonnes légères.

Signé à gauche, en bas : J.-A. Muenier. Coulevon, 1886.

Toile. — Haut., 1 m. 13; larg., 1 m. 40.

(THÉODULE

Frère du pied-bot de Ribera, il n'est pas resté comme lui dans les villes. Il est parti aux champs, s'est coiffé d'un feutre où il a piqué une plume. Et le voilà, malin, l'œil défiant, la bouche entr'ouverte comme pour appeler ses chiens, la peau cuite au grand soleil.

Signé à droite, en bas : Th. Ribot

Toile. — Haut., 55 cent.; larg., 46 cent.

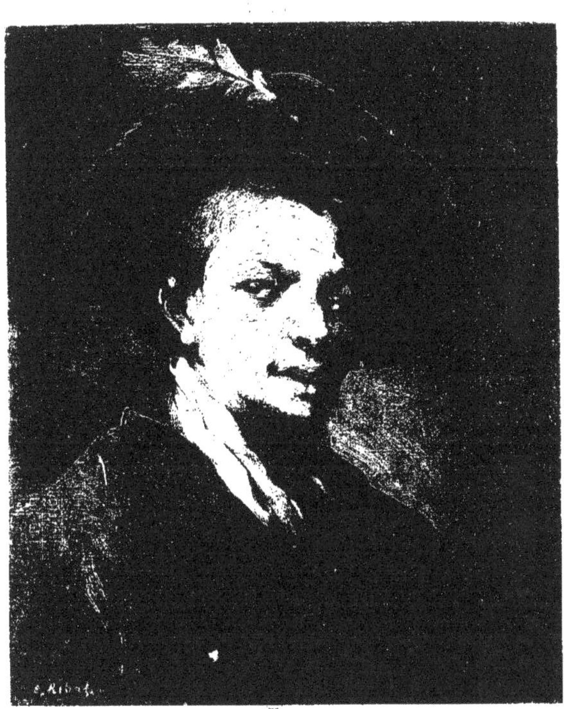

(THÉODORE)

Vue d'un point élevé, une immense prairie où coule, venant de droite, un fleuve qui disparaît derrière un renflement de terrain, à gauche.

La campagne est clairsemée de bouquets d'arbres et dans le ciel bleu se groupent des flocons de nuages, jusqu'à l'horizon qui promet de la pluie.

Signé à droite, en bas : Th. Rousseau.

Panneau. — Haut., 25 cent.; larg., 30 cent.

(FERDINAND)

« La beauté du visage ancien était la beauté de ses lignes ; la beauté du visage moderne est la physionomie de sa passion. »

LES GONCOURT.

Le grand feutre gris encadre la chevelure noire et le visage mat aux traits aristocratiques, dédaigneux, fiers comme il convient.

La fraise plissée, retombant sur les épaules, est recouverte à gauche par l'écharpe blanche et verte, nouée à grosse coque derrière le bras.

Un épais pourpoint de soie ramagée, avec un large crevé à la manche, étoffe le gentilhomme, drapé par surcroît dans un manteau de velours bleu saphir dont on ne voit qu'un pan ramené à la ceinture.

Signé en haut, à gauche : F. Roybet.

Panneau. — Haut., 84 cent.; larg., 69 cent.

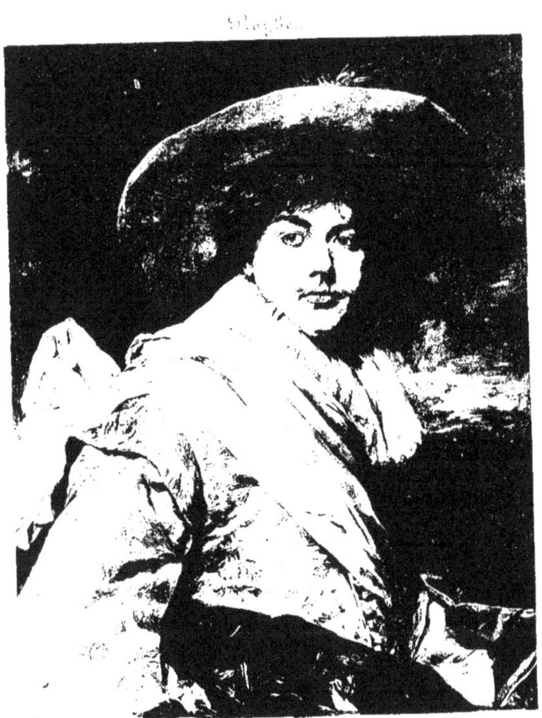

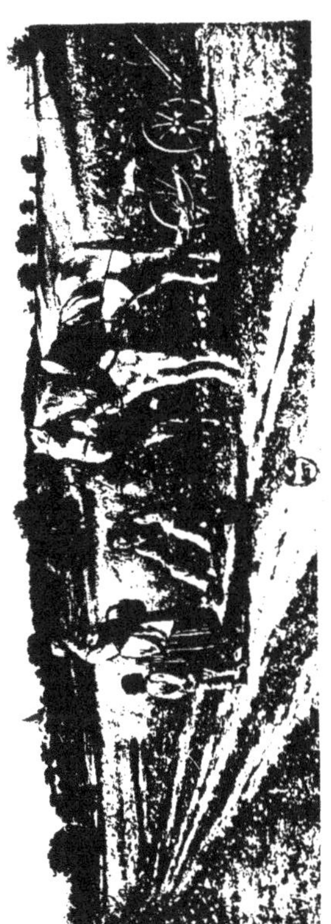

VEYRASSAT

(J.)

[illegible]

Une route part du milieu du tableau et s'éloigne vers la gauche, bordée par des carrés de blé. Les ornières se dessinent toutes droites dans l'herbe qui envahit le chemin.

La campagne au fond, semée d'arbres isolés, se relève autour du village dont on aperçoit quelques maisons et le clocher. Elle s'abaisse vers la droite en une plaine verte, tendrement éclairée par un soleil pâle.

C'est l'heure où la paysanne et son gamin sont venus apporter au laboureur le panier et la cruche. Il s'est assis au bord du pré et déjeune, couteau d'une main, pain de l'autre. Le cheval blanc et le mulet restent attelés à la charrue, et dans le champ, à moitié labouré, s'alignent les sillons de terre brune, retournés depuis le matin.

Signé à gauche, en bas : J. Veyrassat, 1880.

Toile. — Haut., 90 cent.; larg., 1 m. 30.

(J.)

A gauche, les paysans découronnent la meule et entassent les gerbes dans la haute charrette attelée à trois chevaux.

Au loin, à droite, c'est une scène identique. Entre les meules, deux glaneuses, et, au premier plan, un chien avec une cruche, un tablier, un râteau et une gerbe.

Le ciel est d'une grande pureté, comme aux plus beaux jours de l'été.

Signé à gauche, en bas : J. Veyrassat.

Toile. — Haut., 46 cent.; larg., 61 cent.

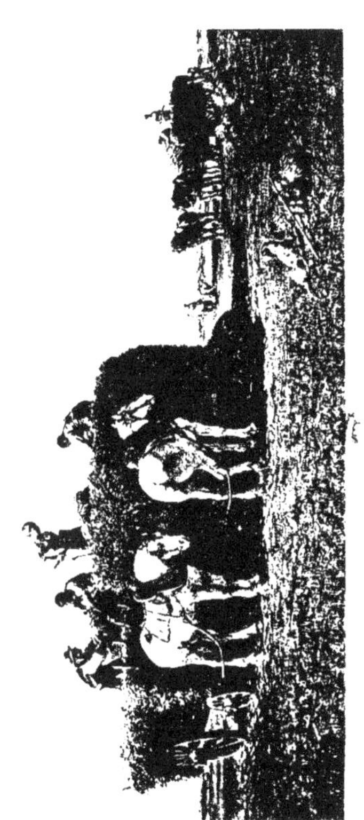

(A.)

A gauche, très ensoleillé, le chemin terreux avec ses vieilles maisons en bordure, éclairées à contre-jour et dominées par un dos de falaise.

Le clocher pointu se dresse dans le ciel nuageux, au-dessus des trois pignons de l'église.

A gauche, le bassin calme, avec une barque, un petit pont et la perspective d'un chemin qui monte et s'en va se perdre dans les constructions de l'autre rive.

Sur le chemin, des pêcheuses, des bœufs noirs et roux. Dans le ciel, quelques mouettes.

Signé à gauche, en bas : A. Vollon.

Toile. — Haut., 46 cent.; larg., 56 cent

UNE PRÉFACE

SUR

ZIEM

PAR

THÉOPHILE GAUTIER

Paris — 1868

..... Chaque artiste a une patrie idéale, souvent éloignée de son vrai pays. Son talent s'y plaît comme dans une atmosphère propice et y revient à tire d'aile dès qu'il est libre. C'est là qu'il s'épanouit et porte ses plus belles fleurs. La patrie de Ziem est Venise. Il peut bien la quitter, voyager, passer une saison à Constantinople ou ailleurs, mais c'est là que sa peinture a son domicile légal. Elle habite sur la *riva dei Schiavoni,* le palais de Canaletto et de Guardi, dont, plus tard, Bonington et Joyant furent les locataires. Aussi, comme il est chez lui dans la ville des Doges, comme il en connaît les canaux, les ruelles, les places, les traghets, les sotto-portico et les moindres recoins ! Comme sa gondole file adroitement à travers les embarras et tourne avec précision les angles des rues d'eau ! La Vénus de l'Adriatique, qui sort à demi de la mer son corps blanc et rose, n'a pas de secret pour lui : elle se laisse voir sans voile à son fervent adorateur.

Ziem ne voit pas seulement Venise en peintre : il la voit aussi en poète. Ni lord Byron, ni Musset, ni George Sand, n'en ont mieux compris le charme mystérieux et la beauté fascinatrice. Il fait flotter son rêve sur la réalité et, comme un amant, il trouve à sa maîtresse des grâces secrètes, des séductions infinies. Il ne se contente pas de représenter bien exactement, selon les lois de l'architecture et de la perspective, les dômes, les églises, les palais de Sansovino, de Palladio, de Scamozzi, de Sammichele, de Tremigiano. Il leur donne une âme, il les fait vivre, il les enveloppe d'un charme, il les console de leurs splendeurs disparues par un sourire d'aurore, par un rayon de soleil ; il baigne d'une ombre amoureuse et caressante leurs murailles dégradées, et il fait trainer dans l'eau, comme des tapis turcs, leurs reflets tremblants et diaprés de riches couleurs. Il a fait le portrait de sa ville chérie à toutes les heures du jour, des premières blancheurs de l'aube aux dernières rougeurs du soir, de face, de profil, de trois quarts, sous tous les aspects. Jamais il ne s'en lasse, et sa passion, comme celle des vrais amoureux, ne connait ni la satiété ni la fatigue. Cela ne nous étonne pas. Nous avons été nous même sous le charme. L'enchanteresse, pour nous avoir bercé quelques jours sur son sein, nous a laissé un long souvenir et une incurable nostalgie.

... Ziem excelle à rendre ce ciel bleu et rose, cette lumière d'argent qu'on ne trouve que là et à Constantinople. Avec une goutte d'eau où se dissout une parcelle de couleur, il bâtit en quelques coups de pinceau une maison au crépi vermeil, au balcon treillé, aux poteaux d'amarre bariolés, aux cheminées évasées en turban, un palais d'architecture lombarde, une façade où s'évanouissent les anciennes fresques de Giorgione. Mais ce qu'il exprime mieux encore, c'est l'eau verte de la lagune, brisée en mille écailles de lumière et reflétant les caprices du ciel, à travers le sillage et les remous des gondoles, qui dérangent les silhouettes répercutées des palais.

... Chez Ziem, l'homme a une originalité qui se reflète sur les choses. D'instinct, il choisit le point de vue particulier, l'effet rare, l'heure caractéristique, la couleur étrange et spéciale. La vérité a quelquefois l'air d'un paradoxe, mais elle n'en est pas moins exacte et sur le fond réel de la nature, il fait chanter comme un chœur aérien les mélodies de la couleur......

Théophile Gautier

(Fragments.)

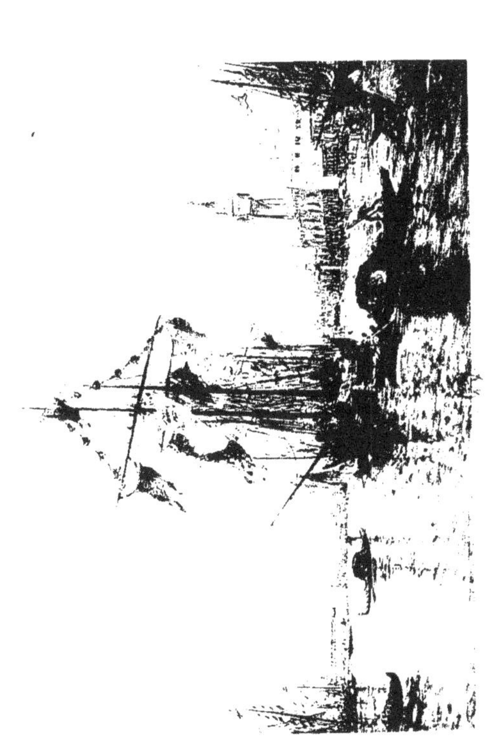

ZIEM

(FÉLIX)

> « ..... Montez l'escalier des géants, venez sur l'élégante loggia du palais ducal, regardez et voyez s'il est peuple au monde pouvant montrer pareille féerie... Ne sommes-nous pas les citoyens les plus riches et les plus heureux : Et par nous combien l'homme apparait grand et fort, volontaire et puissant !... »
>
> AMAN-JEAN.

Sur le grand canal, par un beau jour de lumière blonde, qui fait valoir la silhouette des églises, des campaniles et des dômes.

Au milieu, un beau navire à deux mâts, portant à toutes ses vergues de nombreuses oriflammes battant dans le vent.

En avant, à droite, une gondole noire à cage. Plus à droite, un môle où est accosté un bateau à grands mâts. Au loin, le palais des Doges, avec sa façade sur l'eau dans l'ombre. Le campanile se découpe finement dans l'air léger.

A gauche, deux gondoles et des navires là-bas, cachant à moitié la façade des édifices de l'autre rive, toute en dômes et clochetons et vivement éclairée.

Signé à droite, en bas : Ziem.

Toile. — Haut., 1 m. 07 ; larg., 1 m. 22.

FELIX

. . . .
Pour le bal qu'on prépare
Plus d'une qui se pare
Met devant son miroir
Le masque noir.

(ALFRED DE MUSSET, Venise, 1828.)

Devant l'admirable façade du palais des Doges, devant la petite place et la file des palais et des ponts, s'étend l'eau frémissante, jusqu'au lointain du canal où se reflète, vers la gauche, un immense soleil pâli. Au-dessus du palais dogal, dont les sculptures retiennent des diamants de lumière, des étendards flottent au campanile qu'entoure le vol des colombes.

A droite, un môle de pierre. Une gondole va s'en détacher ; une autre, par contre, s'en approche, venant de gauche ; dans la cage couverte, plusieurs personnages sont éclairés par une vive lumière.

Tout à fait à gauche, on aperçoit la proue d'une galère de fête, portant avirons rouges, tente d'avant richement drapée, lanterne à coupole dorée, sculptures à l'avant, hautes mâtures, et battant pavillon de pourpre.

Signé à gauche, en bas : Ziem.

Toile. — Haut., 1 m. 12 ; larg., 1 m. 42.

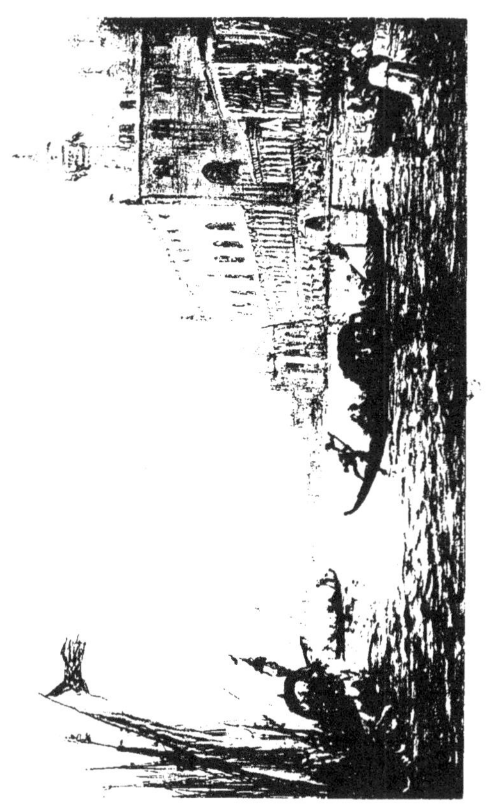

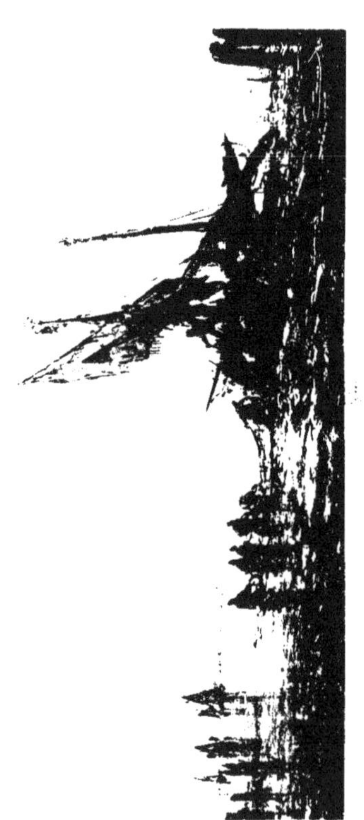

(FÉLIX)

> « (Ziem) excelle à faire miroiter dans un canal les couleurs les plus brillantes.
>
> Le moindre vent qui d'aventure,
> Fait rider la face de l'eau,
>
> fournit à son pinceau une matière délicieuse. Ces marines nous procurent ce petit frisson délectable dont on est saisi lorsqu'on met le pied sur un bateau. »
>
> EDMOND ABOUT,
> *Nos Artistes au Salon de 1857.*

Le soir descend sur la lagune de Burano et le soleil, fécriquement grossi par l'écran des brumes déployées sur l'horizon, va disparaître derrière les flots que colorent ses dernières lueurs.

A droite, autour d'un bateau de pêche, aux mâts fleuris, aux voiles à demi carguées, des hommes, dans l'eau jusqu'aux genoux, relèvent leurs filets, comme enguirlandés de grappes de liège.

Tout à fait à gauche, d'autres voiles, et, dans le lointain, au-dessus de la mer scintillante de reflets infinis, la ligne imprécise d'un rivage bas qui s'éloigne, jusqu'à disparaître, dans l'immensité lentement envahie par le crépuscule.

Signé à droite, en bas : Ziem.

Panneau. — Haut., 69 cent.; larg., 1 m. 06.

FÉLIX

ZIEM, PEINTRE D'ENSEIGNES

« .....Celle d'un bonnetier de Beaune représentait une éruption du Vésuve, une formidable éruption de chaussettes, de tricots, de caleçons, une coulée gigantesque de casques à mèche, émergeant de la fumée et roulant avec une vigueur et une fougue incomparables. C'était le triomphe de Ziem. »

CLÉMENT-JANIN.

(*Progrès de la Côte-d'Or*, juillet 1882.)

Entre deux motifs de balustrades, reflétées dans le canal qui miroite sur toute la largeur du tableau, deux personnages viennent de quitter leur gondole, déjà rangée sur la droite, et par une pente douce remontent entre les bosquets, dont les croupes de feuillages légers se massent harmonieusement sur le ciel.

La tache claire d'une façade de palais apparaît entre les arbres prolongés en jardins ombreux, à droite comme à gauche, au-dessus des terrasses et des eaux.

De grands pilotis bleus émergent çà et là : une gondole noire pointe vers le débarcadère ensoleillé, et c'est, à gauche, à la pointe du jardin, l'aiguille fine d'un campanile.

Signé à gauche, en bas : Ziem.

Toile. — Haut., 72 cent.; larg., 1 m. 12

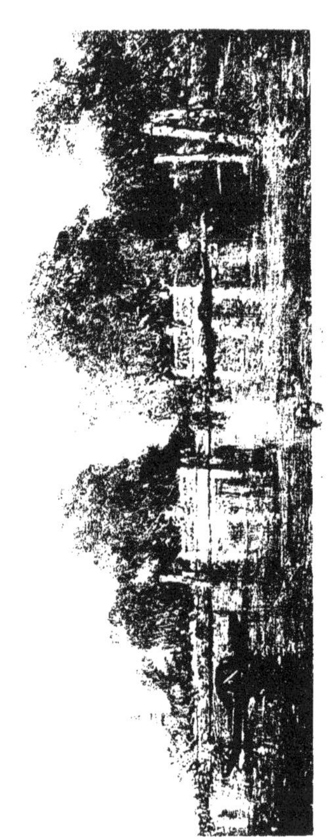

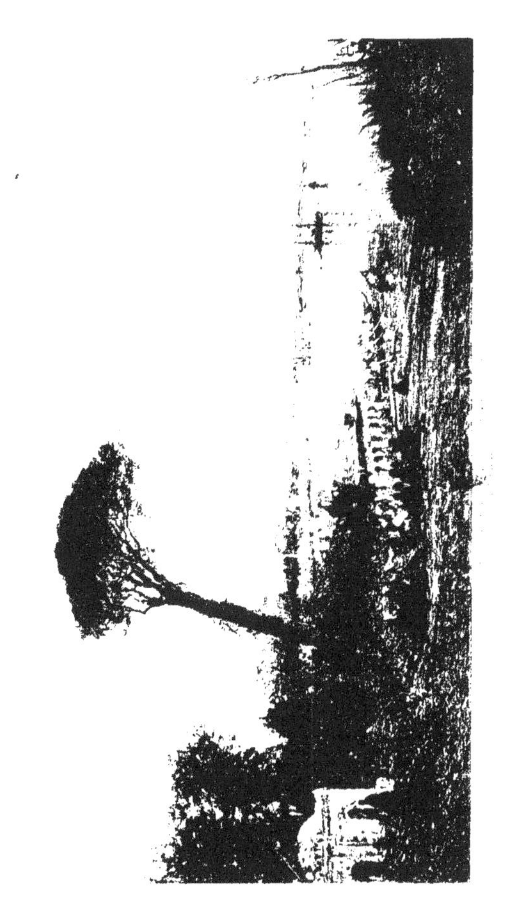

(FÉLIX)

« Quand le père Ziem découvrait par hasard ce qu'il appelait les barbouillages de son fils, il y avait pour huit jours de reproches, de corrections, de réprimandes, de prédictions engageantes du genre de celle-ci : » Tu mourras comme un peintre, sur le « fumier ! »

NICOLAS FETU.

(Revue de l'Exposition de Dijon, 1858.)

Un immense pin parasol, à gauche, entouré d'arbustes, au milieu desquels on voit un kiosque carré à coupole.

Sur un tapis bleu, plusieurs personnages, vêtus de costumes éclatants, sont assis. Vers leur droite, le rivage de sable descend jusqu'à une maison basse où abordent des barques. Plus à droite encore, un épais fourré de plantes exotiques.

Au loin, de l'autre côté de la baie très bleue et très calme, une ville claire d'Orient, avec sa mosquée, ses minarets et ses dômes, en valeur sur l'arrière-plan des collines.

Sur l'eau, à droite, la tache sombre d'un aviso portant flamme rouge à l'arrière.

Signé à droite, en bas : Ziem.

Toile. — Haut., 85 cent. ; larg., 1 m. 20.

(FÉLIX)

« Le peintre d'un ordre supérieur est celui qui, en même temps qu'il parvient à fixer sur la toile une émotion personnelle, se trouve avoir, pour la rendre, un style original, un faire à lui et jusqu'à un coup de pinceau et une manière d'étendre la couleur qui lui soient propres et auxquels il recourt tout naturellement, comme à des procédés qui, sa nature étant donnée, ne sauraient être autres qu'ils ne sont. »

THÉODORE DURET,
Les Peintres français en 1867.

Les eaux bleues forment un miroir où se reflète toute une ligne de constructions, éclairées au grand soleil, dominées par un campanile, au centre, et se continuant vers la gauche, jusqu'à l'extrême pointe de l'avant-port.

Une flottille d'innombrables barques au repos marie sur l'eau le reflet de ses voiles brunes à celui des façades ensoleillées. Loin derrière la ville, une silhouette continue de collines violettes se dessine mollement sur un admirable ciel tout baigné de lumière nacrée.

Quelques barques, et, tout à fait à droite, trois figures assises au pied d'un pilier soutenant une toiture de tuiles.

Signé à droite, en bas : Ziem.

Panneau. — Haut., 54 cent. ; larg., 84 cent.

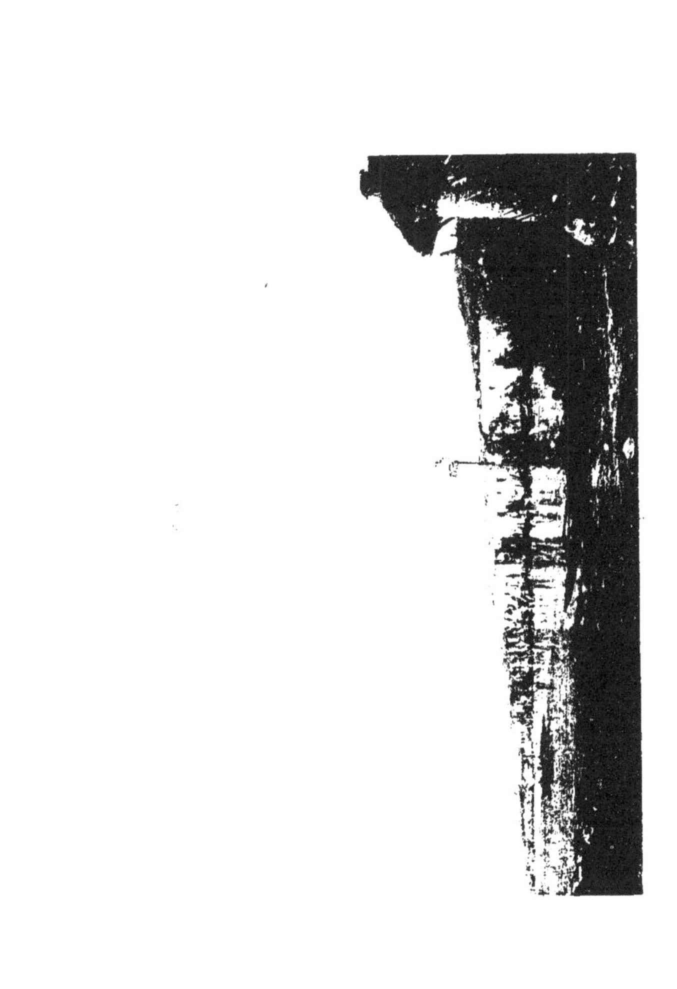

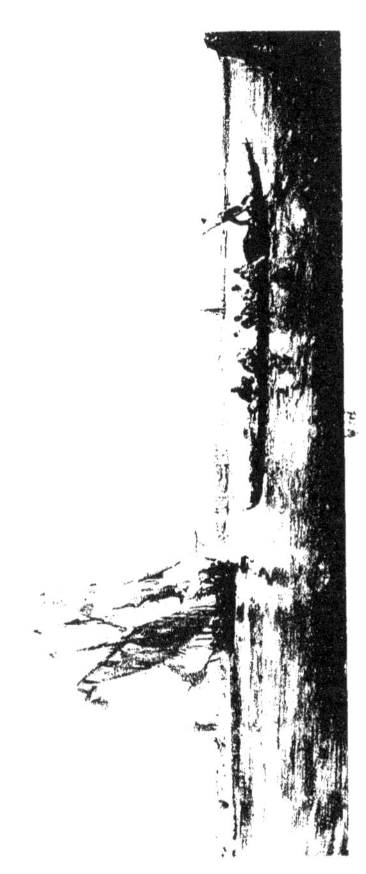

(FÉLIX)

> « ...C'est la couleur portée à son dernier degré d'intensité ; c'est un rêve de hatschich fixé sur une toile et dont les figures indécises semblent osciller entre le réel et l'impossible, sur une plage d'or et de pourpre et devant une mer d'un azur dérobé au firmament. »
>
> N. Fèrc.

Étalée dans toute la largeur du tableau, la lagune, d'un bleu profond de turquoise, sauf à droite, autour d'un pilotis, la tache d'un haut fond de sable brunissant l'eau, tout en clapotements enchevêtrés.

Une barque chargée de personnages s'éloigne, par l'effort de son pilote, debout à l'arrière.

A gauche, un grand deux mâts, léger sur les flots comme un oiseau fantastique, toutes voiles dehors, quitte la ville dont on aperçoit, là bas, en frise rougeâtre, la succession de palais, de clochetons et de campaniles.

Signé à droite, en bas : Ziem.

Panneau. — Haut., 53 cent.; larg., 84 cent.

(FÉLIX)

> « La Vénus de l'Adriatique a des séductions si puissantes, elle vous retient avec de si nobles caresses, elle vous berce si doucement sur son cœur en vous chantant ses vieilles chansons enfantines, que pour elle on oublie la maison paternelle et les amis et les maîtresses. Ceux qui l'ont vue et qu'un devoir impérieux a forcés de partir en gardent une nostalgie incurable. M. Ziem est de ceux-là. »
>
> THÉOPHILE GAUTIER, *Salon de 1861*.

Sur une grève dorée par le soleil, deux nobles dames se rencontrent : les valeurs blanches et rouges de leurs robes s'harmonisent avec l'azur de la mer et la note lumineuse des sables.

A droite, près de la rive, une gondole noire, et, de l'autre côté de la presqu'île, d'autres embarcations avec des pilotes et un drapeau pourpre : au loin, sur la mer, des navires à grands mâts.

A gauche, au pied d'une balustrade limitant un bosquet aux feuillages jaunis par l'automne, quelques dames en riches manteaux et deux petits pages dont l'un joue avec un lévrier blanc.

Tout à fait à gauche, par terre, une corbeille de fleurs.

Signé à droite, en bas : Ziem.

Toile. — Haut., 55 cent.; larg., 76 cent.

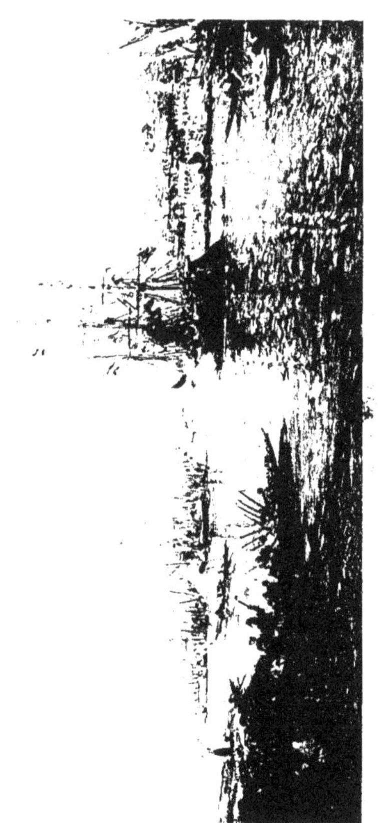

(FÉLIX)

« Un fin Parisien dans le corps maigre et la figure pensive de quelque alchimiste du Moyen Age, un reître élégant ou, si l'on veut, un doge à la fois pensif et narquois, le verbe lent, précis, coloré, la voix pressante, un causeur pittoresque, un charmeur avec un visage aimable et pétri de méplats sculpturaux, tel est Ziem, original comme sa peinture et comme son nom. »

JULES CLARETIE.

A droite, sur l'autre rive, le dôme et les minarets de la grande mosquée, tout blancs au-dessus de l'amphithéâtre des maisons, dont les derniers gradins baignent dans les flots bleus. Tout pavoisé de flammes multicolores, un grand trois mâts s'avance. Il vient de tirer le canon en signe de réjouissance et un gros panache de fumée s'arrondit encore à son côté.

Loin, vers la gauche, un autre canon lui répond ; une même fumée apparaît au milieu d'une nombreuse flotte, dont les mâts font comme une forêt.

Plusieurs caïques rament du côté du navire de fête. L'une de ces barques, à gauche, va quitter le rivage ; ses rameurs tiennent les avirons hauts, en attendant le signal que leur donne du sol un chef, qui étend le bras et qu'accompagne une figure vêtue de rouge.

Signé à droite, en bas : Ziem.

Panneau. — Haut., 77 cent.; larg., 95 cent.

(FÉLIX)

« Le peintre doit faire son tableau comme l'acteur déclame son rôle : quand il le sait par cœur. »

DELACROIX.

Sur le rivage, plusieurs personnages à gauche, en costumes voyants où sombres, s'éloignent d'un bouquet d'arbres pour rejoindre une gondole où se tient un matelot, et où flotte un drapeau pourpre.

De l'autre côté du canal, à droite, les architectures monumentales d'un dôme, de plusieurs clochetons et de grands palais de marbre blanc.

Signé à droite, en bas : Ziem.

Panneau. — Haut., 65 cent.; larg., 84 cent.

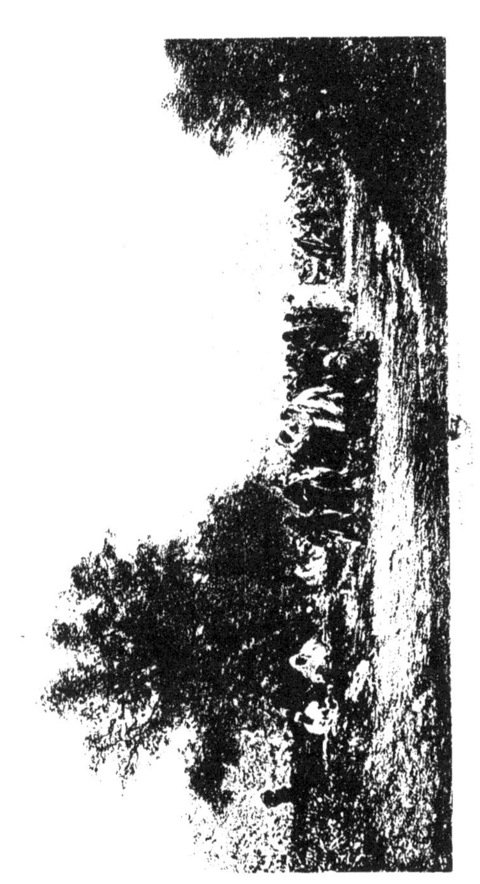

(FÉLIX)

L'avez-vous vu passer, le peintre de Venise ?
Des tons d'azur et d'or tombent de son manteau.
A quoi bon vous nommer Guardi, Canaletto,
Si c'est Ziem qui la fête et qui la divinise :

O cité, que toujours quelqu'artiste éternise,
Voilà bien tes palais, ta piazza, ton ghetto,
Ton Saint-Marc plus vivant, plus libre ton Rialto,
Et tes lions plus fiers que rien ne tyrannise !

Se croyant ton enfant, peuple et patricien,
Il a voulu t'aimer tel qu'un fils du Titien,
Ce peintre qu'un rayon de la France a vu naître.

Quand il erre au canal, en cherchant son tableau,
Le gondolier chanteur le prend pour Tiepolo,
La fille du Giorgion regarde à la fenêtre.

Ch. Coligny.

Dans une région montagneuse, fermée à l'horizon par des cimes où la lumière éblouissante se joue aux mille replis du terrain, c'est le marché aux oranges.

A gauche, au pied d'un grand arbre roux, les marchandes assises dans leurs burnous blancs, devant leurs tas d'oranges alignés.

A droite, dans l'ombre d'un bosquet, d'autres personnages assis et, dans l'allée intermédiaire, une foule d'acheteurs costumés à l'orientale, parmi lesquels on distingue une grande silhouette d'homme vêtu de noir et coiffé du bonnet persan.

Signé à droite, en bas : Ziem.

Toile. — Haut., 58 cent.; larg., 79 cent.

Un « Ziem »

Commenté par Maître Denis Possot.

Le dimenche quatorziesme jour de Apvril, fismes nostre arrest et demeure à Venise attendans le temps et saison de monter sur mer pour achever nostre voyaige : et pour le premier, allasmes sur une grande tour laquelle est au devant de l'église Sainct Marc en laquelle tour y a cinq cloches. Ladicte tour est carrée et faicte toute de brique jusques aux cloches : le résidu est tout de marbre blanc. La tour est toute couverte de marbre doré et au dessus est posé ung ange tournant au lieu de cochet. On monte par dedans tout autour de ladicte tour sans degrez, en sorte que on y mesneroit ung cheval jusques aux cloches. Et de là on voit toute la ville et la mer.

La ville est fort belle, toute pavée triumphamment de brique. Les églises sont triumphantes, principalement Sainct Marc qui est la plus belle et plus riche que jamais j'aye veu, touchant les ornemens, pavé, voultes painctes et ymaiges. Il y a ceans XIIII grans chandeliers, et au milieu, une croix et plusieurs banieres. Les chandeliers sont tous couverts de lampes ardans et en furent comptées sur l'ung desditz chandeliers neuf vingtz.

Devant le portail de ladicte église Sainct Marc, y a une grande place et spacieuse où sont trois matz rouges fort haulx et dessus chascun une croix, sur lesquels matz, les quatre grandes festes de l'an, on assiet trois banieres de la Seigneurie fort riches et sumptueuses. Dessus le portail, y a quatre chevaux d'arain fort eslevez, fort beaulx en signe de la victoire obtenue jadis contre le Souldan lequel avoit juré, s'il gagnoit la victoire, de faire de l'Eglise Sainct Marc estable pour ses chevaulx ; mais il faillit, car son filz fut prins des Veniciens et lui s'enfuit confuz ; en memoire de quoy, ces trois chevaulx d'arain apportez de Constantinoble furent assis sur le portail de ladicte eglise. Il y a cinq lanternes sur l'eglise, couvertes de plomb. Joygnant l'eglise est le palais et l'hostel du duc, triumphant. De la porte, pour aller du palais dedans l'eglise, y a deux lyons de marbre rouge. Derriere le grant autel, a quatre pilliers de marbre noir qui ont esté apportez de Hierusalem, du Temple de Salomon. Devans les portes du palais, y a deux pilliers de marbre fort bien acoutrez et gros à merveille avecques chapiteaulx antiques et près y a deux galleries faictes à plusieurs pilliers de marbre rouge. Sur le port de la place Sainct Marc, y a deux grans coulonnes de marbre gris fort haultes et grosses desquelles on dit avoir été anciennement apportées de Constantinoble, sur l'une desquelles est un lyon ayant des aesles estendues, sur l'autre est ung Sainct Maurice ayant soubs ses piedz un dragon, car l'on dit que les Veniciens, devant qu'ilz eussent Sainct Marc pour patron, ilz tenoient Sainct Maurice.

Rialto, place grande au millieu de laquelle, deux fois le jour, s'assemblent tous les marchans pour contracter de leurs affaires, et est le dict Rialto comme une forteresse, en laquelle toute nuyt a gros guet et s'apelloit le dict lieu anciennement Rivo alto, pour tant que là passoit, comme encore passe le plus gros et profond canal de toute Venise. Là est le plus grant marché de toute la ville et y trouvoit-on, pour lors que y estions au temps d'Apvril, des amandes nouvelles et febves en escosse pour les delices des dames.

Le mardi XVI d'Apvril, se fit une fort belle procession à Sainct Marc, où estoient plusieurs couventz et eglises et toute la seigneurie de Venise. Le duc y estoit semblablement vestu de damas rouge figuré, ayant ung bonnet de satin rouge faict en coqueluchon, fort riche, ayant ung hault comme le derriere d'une mittre. Et devant et après, infinis gentilshommes vestus de velours rouge et escarlate. Il y avoit force trompettes d'or et d'argent, force cornetz, lutz, harpes, violes, rebectz et aultres instrumens musicaulx jouans en l'église, parmy les chantres et par les rues, si melodieusement que à merveilles.

On portait huyt grans estendars de soye dorez et figurez d'or. Ung gentilhomme portoit la chaire d'or devant luy ; ung aultre portoit ung carreau couvert de drap d'or, qui furent posez au milieu du cueur de

Sainct Marc. Et s'assist le duc en la chaire et le carreau au-dessus : toutesfois ne s'y arresta, mais s'assist depuis en une aultre chaire à dextre du renc des chanoynes, sur ung tapiz fort riche, et, à ses piedz, son filz, jeune de VIII ou IX ans. Il y avoit ung autre gentilhomme qui portoit une potence dorée, en facon de croce, soulz ung beau ciel rond tout de drap d'or frangé, et couvert tout de petites pailles d'or pendant par dessus et autour. Aprez le duc, marchoient les six vingtz conseillers de la ville, tous vestuz richement, les ungs de drap d'or, de velours, de soye et d'escarlate fourrés de délices et aultres fourrures a l'advenant, le tout si richement en bel ordre, que on ne sçauroit comprendre que ne l'auroit veu.

Comme tout estoit sumptueusement acoutré, toutesfois, il y avoit force basteleurs en la place, tenant couleuvres et aultres bestes, bastellans pendant que la dicte procession passoit en l'église, durant lequel temps je vy deux Turcs debout, regardans un prestre montrant le corps de Jesuchrist et faisans semblant de rien.

(*Le Voyage de la Terre Saincte*, composé par Maitre Denis Possot, 1532. — On le vend à Paris, rue Sainct-Jacques, à l'enseigne de « L'Homme Saulvaige ».

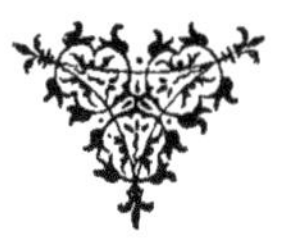

Tableaux Anciens

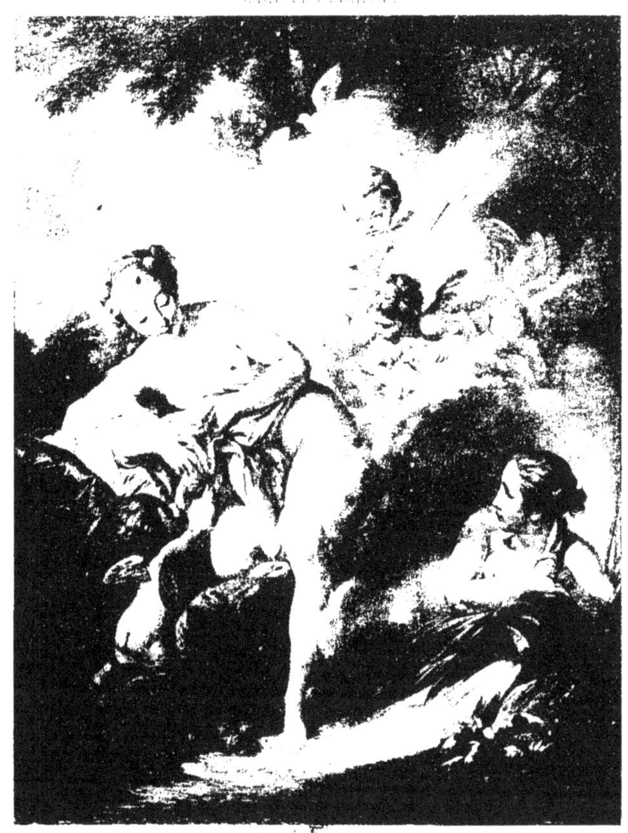

(ÉCOLE DE

Composition allégorique, où un Cupidon ailé offre à la déesse une pomme portant l'inscription : *Pour la plus belle.*

Des amours, à droite, volent avec des colombes, sous le dôme des feuillages, et une femme couchée s'appuie sur une urne d'où, parmi les roseaux, s'échappe une source bouillonnante.

Toile. — Haut., 1 m. 09; larg., 86 cent.

(AALBERT)

Quatre vaches debout ou couchées sur un promontoire d'herbes et de racines, que baigne à gauche la Meuse, dont on découvre, au loin, l'autre rive.

A droite, dans un repli du terrain, un berger et son troupeau. Le ciel est nuageux, sauf au-dessus du fleuve où glisse une voile grise.

Panneau. — Haut., 80 cent.; larg., 1 m. 05.

COLLECTION

PAUL BAUDRY

Il a été tiré à mille exemplaires
*un Catalogue illustré au prix de **20** francs.*

Collection PAUL BAUDRY

TABLEAUX MODERNES

Et deux Tableaux Anciens

VENTE

HOTEL DROUOT, SALLES N°s 7 & 8

Le Lundi 7 Avril 1902, à 2 h. 1/2 précises

COMMISSAIRE-PRISEUR

Me PAUL CHEVALLIER, *10, rue de la Grange-Batelière*

EXPERTS

MM. BERNHEIM JEUNE
8, rue Laffitte, 8
36, avenue de l'Opéra, 36

M. DANTHON
Galerie Haussmann
67, boulevard Haussmann, 67

EXPOSITIONS

PARTICULIÈRE : Le Samedi 5 Avril 1902, de 1 heure 1/2 à 5 heures 1/2.
PUBLIQUE : Le Dimanche 6 Avril 1902, de 1 heure 1/2 à 5 heures 1/2.

DÉSIGNATION

TABLEAUX MODERNES

1 — CHAPLIN. Portrait d'enfant . . . .

2 — COROT. Les anciens Étangs de Ville-d'Avray . . . . . .

3 — COROT. Paysage d'Auvergne. . . . .

4 — DIAZ. Petites filles au chien. . . . .

5 — HENNER. Madeleine. . . . .

6 — INGRES. Angélique . . . .

7 — JACQUE. Sur le tertre. . . . .

8 — JONGKIND. Bateaux au repos . . . .

9 — MUENIER. Le Breviaire . . . .

10 — RIBOT. Le Berger . . . .

11 — ROUSSEAU. La Prairie. . . . .

12 — ROYBET. Gentilhomme blanc . . . .

13 — VEYRASSAT. Labourage. . . . .

14 — VEYRASSAT. Rentrée des meules. . . . .

15 — VOLLON. Le Tréport . . . .

16 — ZIEM. La Grande Assomption . . . .

17 — ZIEM. Veille de fête, à Venise . . . .

18 — ZIEM. Digue du Halo sur la lagune de Burano . . . . . .

19 — ZIEM. Le Jardin français, à Venise . . . .

20 — ZIEM. Scutari. . . . .

21 — ZIEM. Rhodes . . . .

22 — ZIEM. Les Lagunes . . . .

23 — ZIEM. La Rencontre. . . . .

24 — ZIEM. Le Bosphore . . . .

25 — ZIEM. La Douane . . . .

26 — ZIEM. Marchands d'oranges . . . .

TABLEAUX ANCIENS

27 — BOUCHER (École de). « Pour la plus belle ». . . . . . .

28 — CUYP. Pâturage au bord de la Meuse . . . .

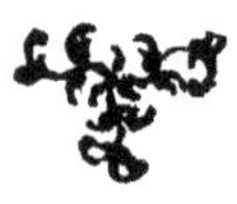

AU JOUR LE JOUR

A l'Hôtel des ventes

LA COLLECTION PAUL BAUDRY

Il y a deux catégories d'amateurs : ceux qui se règlent sur le goût public et ceux qui le devancent. Toujours timorés, les premiers n'achètent guère que ce qui est sanctionné par la mode ; doués d'un instinct plus sûr et plus confiants en eux-mêmes, les seconds vont à leurs préférences hardiment, et cette hardiesse, le plus souvent, les sert mieux que le calcul prudent des premiers. Sans le vouloir, ils imposent aux hésitants leurs jugements et provoquent la mode. Le directeur de la *Mutual Life*, M. Paul Baudry, est du nombre.

La collection dont il se sépare, et que les curieux pourront étudier demain et après-demain dans les salles de l'hôtel Drouot, ne se compose que de vingt-huit numéros, mais ces numéros sont exceptionnels presque tous. Il y a là une douzaine de toiles que la palette de Ziem a chargées des notations les plus vives, des lumières les plus éclatantes, un nu d'Ingres, de la qualité la plus savoureuse, l'*Angélique* de la collection Beurnonville, un autre nu de Henner, aussi large, aussi fougueux que l'autre est sobre, un Théodore Rousseau, un Diaz, deux Corot, un Jongkind, un Jacque, un Roybet, deux Veyrassat, un Vollon, un Chaplin, et rien, dans cet ensemble, n'est médiocre. Maîtres ou petits maîtres, les artistes y sont représentés par les plus caractéristiques de leurs dons, et ces échantillons de leur talent semblent choisis tout exprès pour donner de leur manière l'opinion la plus haute et l'idée, en même temps, la plus nette.

Voyons-les dans l'ordre historique et commençons par l'*Angélique* du vieux Ingres. Considérez un instant ce corps de femme enchaîné par les mains à un roc dont la vague, en frémissant, lèche la base. Suivez-en attentivement le contour, rectiligne et fin dans les jambes, onduleux et souple à la hanche, mollement enveloppé à la gorge ; étudiez la courbe pure des bras, le relief savant et ferme du buste, le modelé délicat du torse, et dites-moi si ce morceau n'est pas digne de rivaliser, comme expression de la grâce juvénile, avec la plus parfaite peut-être des nudités tracées par l'artiste, avec la *Source* du Louvre ? La tête, d'autre part, est bien de son époque ! Comme elle résume à la fois l'idéal de beauté du père Ingres et le charme mièvre des beautés à la mode sous la Restauration, aux environs de 1820 !

Le *Paysage d'Auvergne* de Corot n'est guère moins âgé que l'*Angélique*. Donnons-lui, si vous voulez, quinze ans de moins et faisons-le remonter à l'époque où Corot, de retour d'Italie, s'ingéniait à saisir le vrai caractère des paysages accidentés de la France. L'exécution en est d'une fermeté saisissante. Le relief âpre et rude des terrains, la mise en place, solide et ferme, des bâtisses, la franchise et l'exactitude des silhouettes, le jeu doux et fin des lumières, la limpidité de l'atmosphère, la légèreté et la finesse des fonds, la sérénité flottante du ciel, tout déjà, dans ce morceau important, dit un maître, et un maître auquel il ne manque, pour être encore plus parfait, que de traiter avec plus d'indépendance le détail et de sacrifier au premier plan le superflu. On voit de Corot des tableaux d'un type plus accusé dans le genre de l'interprétation synthétique : on n'en voit pas de plus accusé dans le sens de la personnalité, de la volonté et de la force.

Le Diaz peut passer, lui aussi, pour le type des compositions à figures du maître. Il en a les défauts, l'insincérité, le mépris du dessin, la grâce apprêtée et banale ; il en a au plus haut point les qualités toujours très marquées, la richesse et l'éclat de la couleur.

Typique également, quoique peu important, le Rousseau. Typique aussi, le Charles Jacque et résumant avec une exceptionnelle vigueur, en une composition de la plus sérieuse tenue, la manière du peintre. Typiques encore le Henner, le portrait de fillette de Chaplin, les *Bateaux au repos* de Jongkind, le *Berger* truculent de Ribot, le *Labourage* et la *Rentrée des meules* de Veyrassat, le *Gentilhomme blanc* de Roybet. Typiques, à plus forte raison, les onze tableaux de Ziem, car ils se recommandent non seulement des fulgurances de tons qui garnissent le premier plan de toutes les œuvres du maître, mais de fonds très précis dans leur délicatesse et dont les blancs, les gris et les ors sont exquis.

La vente aura lieu lundi, à deux heures et demie, par les soins de Mᵉ Paul Chevallier, assisté des experts Bernheim jeune et Dauthon. Elle comportera encore un tableau de Muenier, le *Bréviaire*, et une jolie toile de l'école de Boucher, quintessence de grâce et d'esprit, *Pour la plus belle*. — T.-S.

.. [illegible]		17..
.. janv.	388 ..	....
... oct.	461 25	460 50
... id.	462 50	463 ..
... id.	464 50	465 ..
.. janv.	457 ..	457 50
... oct.	462 ..	462 ..
.. mars	445 ..	446 ..
. janv.	461 ..	462 50
.. janv.	447 ..	447 ..
s. nov.	442 50	443 75
... oct.	448 50	....
... avr.	447 ..	....
... oct.	445 50	....
... oct.	433 25	219 50
.. déc.	670 ..	670 ..
.... oct.	1287 ..	128.
325. id.	655 50	....
... nov.	504 ..	....

....	11 [illegible]
Bons à lots de 100 fr. au port. t. p..	48 ..
Bons à lots algériens au porteur.	47 75
Suez oblig. 5 0/0............. avr.	635 ..
— — 3 0/0 1re série... mars	478 50
— — 3 0/0 2e série .. id.	474 75
— bons de coupons....... nov.	93 50
Panama 5 0/0 t. p......... 15 juill.	35 75
— 3 0/0 t. p.......... 15 oct.	24 75
— 4 0/0 t. p.......... id.	26 25
— nouv. 6 0/0 1re s... 15 nov.	45 50
— — — 2e s... 15 sept.	42 ..
— — — 3e s .. déc. 88	110 ..
— — à lots t. p..... déc.	115 ..
— — — 210 p.........	254 ..
— bons à lots 1889..........	104 75
Corinthe 6 0/0............ janv. 94	23 ..
Crédit fonc. égyptien 4 0/0.. avr.	511 ..

Ventes 1.400 balles.

Courant 56 5/8; mai 56 1/2; juin 56 1/2; juil. 56 1/2; août 56 1/2; sept. 56 1/4; oct. 54 3/8; nov. 52 5/8; déc. 52 1/8; janv. 1903 51 7/8; fév. 51 3/4; mars »» »/».

Cafés à terme. — A peine soutenus. Ventes 4.000 sacs.

Courant 37 25; mai 37 50; juin 37 75; juil. 38 »»; août 38 25; sept. 38 75; octobre 39 »»; nov. 39 25; déc. 39 50; janv. 1903 39 75; fév. 40 »»; mars 40 25.

Le Havre 1 h. 50. — Cotons disponibles. — Calmes. Ventes 200 balles.

Cafés disponibles. — Calmes. — Sans affaires cotées.

Terme. — Inchangé sur la cote de ce matin.

On a vendu 1.000 sacs depuis la précédente dépêche.

Roubaix. — Laines. — Qualité peigné de fabrique (type réduct.) Cour. 4 55 »/»; mai 4 57 1/2; août 4 57 1/2; oct. 4 57 1/2. Ventes 30.000 balles.

Liverpool. 1 h. 20. — Cotons disponib. — Prix maintenus. Ventes 8.000 balles Amérique.

Futurs. — Hausse 1 1/2 à 1/64.

Blés (77/75 à l'hectolitre, les 100 kil. net comptant. — Courant 22 »» à 22 25; mai 22 25 à 22 50; mai-juin 22 25 à 22 50; 4 de mai 22 25 à 22 50; juillet-août 22 »» à 22 25; 4 derniers 20 25 à 20 50. Circul.: 9,750. Liq.: »»,»».

Farines *Fleur de Paris* (les 100 kil. nets, sans esc.). —

---

duités auprès de la jeune Trucelli et même, dit-on, auprès de sa mère. En outre, il accablait Trucelli de ses railleries qui, quoique très doux, a fini par perdre patience.

Marseille, 4 avril.

Le paquebot *Thibet*, courrier de la Côte occidentale d'Afrique, partira demain, à onze heures du matin, avec une cinquantaine de passagers, dont douze sous-officiers et soldats d'infanterie de marine allant à Dakar.

On attendait avec une vive curiosité à Marseille l'immense steamer *Celtic*, affrété par des excursionnistes américains, effectuant un voyage en Europe. Or, ce steamer, venant de Naples, est actuellement à Villefranche, d'où il se rendra directement à Liverpool.

(*Service Havas*)

Chemnitz, 4 avril.

M. Kuijper, président du conseil des ministres des Pays-Bas, accompagné de M. de Metzch, président du conseil des ministres de Saxe, est arrivé ici, ce matin, pour visiter les établissements d'instruction publique de l'Etat. Il retournera à Dresde dans l'après-midi. Il sera reçu, à quatre heures, en audience par le roi à la villa de Strehlen.

Uskub, 4 avril.

A Novi-Bazar, des Arnautes en armes se sont réunis devant le domicile du kaïmakam pour protester contre le rappel à Constantinople du maire Haki bey.

L'effervescence s'accroît parmi les Turcs, par suite des bruits qui courent, d'après lesquels des bandes serbes auraient envahi le territoire.

Les autorités turques ont pris des mesures militaires pour protéger les chrétiens.

Saint-Pétersbourg, 4 avril.

Le *Messager du gouvernement* publie un indicateur des lignes de chemin de fer, d'après lequel le tarif des voyageurs en train express et en train de luxe sera augmenté considérablement à partir du 28 octobre.

Vienne, 4 avril.

La *Nouvelle Presse* parlant de la rencontre sanglante qui aurait eu lieu entre des bandes serbes et les Arnautes du sandjak de Novi-Bazar près de Kolaschin, frontière du Monténégro, dit que cette frontière se prépare à l'insurrection comme d'ordinaire au printemps.

Quoique cette insurrection ne soit pas considérée comme un danger pour la tranquillité des Balkans, l'Autriche-Hongrie et la Russie agissent d'accord, et sur la recommandation de la Russie, des renforts ont été envoyés sur les points menacés afin d'empêcher le passage des bandes de Serbie. L'Autriche-Hongrie invitera probablement le gouvernement serbe à surveiller soigneusement la frontière serbe et à ne pas tolérer le passage de bandes armées sur les points où règne l'insurrection. Le danger d'insurrection disparaîtra ainsi bientôt.

Alexandrie, 4 avril.

Cinq décès, dus au choléra, se sont produits au lazaret de Tor, parmi les pèlerins revenant du Hedjaz.

Saint-Sébastien, 4 avril.

La nuit dernière, deux vapeurs de pêche se sont abordés à soixante milles en mer. Le *Elcano* a été coulé par le *Urdaneta*.

Le mécanicien et deux chauffeurs du premier vapeur sont noyés. Le reste de l'équipage a été sauvé par le *Urdaneta*.

Brest, 4 avril.

M. Fenoux, juge d'instruction, vient d'ouvrir par ordre du parquet, une instruction contre neuf prêtres ayant appartenu à la Société de Jésus, pour infraction aux articles 8 et 16 de la loi de juillet dernier. Les abbés du Reau, ancien supérieur des jésuites de Brest, Laiseau et Hanart, ont été interrogés par le juge, qui les avait cités à comparaître.

www.ingramcontent.com/pod-product-compliance
Ingram Content Group UK Ltd.
Pitfield, Milton Keynes, MK11 3LW, UK
UKHW021051260726
13994UKWH00002B/512

9 782329 502243